An Added Soul

Poems for a New Old Religion

נְשָׁמָה יְתֵירָה

שִׁירִים לְדַת חֲדָשָׁה נוֹשָׁנָה

Herbert J. Levine

Ben Yehuda Press
Teaneck, New Jersey

AN ADDED SOUL: POEMS FOR A NEW OLD RELIGION ©2020 Herbert J. Levine. All rights reserved. No part of this book may be used or reproduced in any manner whatsoever without written permission except in the case of brief quotations embodied in critical articles and reviews.

Cover photo of bird resting on Mt. Masada by Cole Keister, https://unsplash.com/@coleito, https://colekeister.com/

Published by Ben Yehuda Press
122 Ayers Court #1B
Teaneck, NJ 07666

http://www.BenYehudaPress.com

Jewish Poetry Project #15
http://jpoetry.us

To subscribe to our monthly book club and support independent Jewish publishing, visit https://www.patreon.com/BenYehudaPress

ISBN13 978-1-953829-10-8

21 22 23 / 10 9 8 7 6 5 4   20210509

This book is dedicated to
the memory of my parents,
Reevan I. Levine and Natalie K. Levine,
who taught me to love the Jewish people and to work for its future.

Acknowledgements

"Diaspora Hymn" was published in *Poetica, Contemporary Jewish Writing* (2020) and "Musings of a Jewish Hellenist at Chanukah" in *Humanistic Judaism* (Fall, 2020).

Slightly different prose versions of the following have already appeared in print:

"Queen for a Day" and "From Generation to Generation," in "Family Plot," *Jewish Literary Journal* (March, 2015).

"What I Learned from Melvin," as "Playing Monopoly with Melvin," in *Mitzvah Stories: Seeds of Inspiration and Learning*, ed. Ellen Frankel and Goldie Milgram (Reclaiming Judaism Press: 2013).

***

Immense thanks to my fellow bilingual poets, Hanoch Guy and Tsemah Yoreh, who caught me whenever I used an inappropriate Hebrew idiom and helped me to find alternatives. Without their guidance, I would never have had the temerity to offer these bilingual poems to Hebrew readers.

For the poem, "A New Kaddish," I owe my interpretation of the great name, *shmay rabbah*, to Rabbi Arthur Waskow. Rabbi David Seidenberg similarly credits Waskow in *Kabbalah and Ecology: God's Image in the More than Human World* (2016).

Table of Contents

I

A New Kaddish	2
For the New Year	4
Blessing Songs	6
An Added Soul	10
Poem of One and Two and Nothing	12

II

Queen for a Day	18
From Generation to Generation	20
Nighttime Guests	22
I Don't Separate from the Community	26

III

A New Old Religion	30
What I Learned from Melvin	32
Sukkot Prayer	34
A Talmudic Approach to Marriage	36

IV

Diaspora Hymn	42
Musings of A Jewish Hellenist at Chanukah	44
To Remember and to Blot Out	46
My Israelis, My Israel	48

Afterward: Why I Write in Hebrew	55

תֹּכֶן הַשִּׁירִים

קַדִּישׁ חָדָשׁ 3

לְרֹאשׁ הַשָּׁנָה 5

שִׁירֵי בְּרָכָה 7

נְשָׁמָה יְתֵירָה 11

שִׁיר עַל אֶחָד, שְׁנַיִם וָאֶפֶס 13

מַלְכָּה לְיוֹם אֶחָד 19

מִדּוֹר לְדוֹר 21

אוֹרְחֵי לַיְלָה 23

לֹא פָּרַשְׁתִּי מִן הַצִּיבּוּר 27

דַּת חֲדָשָׁה נוֹשָׁנָה 31

מַה שֶּׁלָּמַדְתִּי מִמֶּלְוִין 33

תְּפִילָּה לְסוּכּוֹת 35

גִּישָׁה תַּלְמוּדִית לְנִישּׂוּאִין 37

מִזְמוֹר לַתְּפוּצוֹת 43

הִרְהוּרִים שֶׁל מִתְיַוֵּן יְהוּדִי בַּחֲנוּכָּה 45

לִזְכּוֹר וְלִמְחוֹת 47

יִשְׂרְאֵלִים שֶׁלִּי, יִשְׂרָאֵל שֶׁלִּי 49

I

For Those Returning with a Question

לְאֵלֶה שֶׁחוֹזְרִים בִּשְׁאֵלָה

A New Kaddish

The sea splits, the heavens open,
a man dead for three days walks the highway.
horse and rider fly through the air to the holy city,
the fat man comes down the chimney—
O civilized world,
drowning in a sea of unreality.

Let's create the next version:
make the world holy
without old stories, without masks.
paint with all the hues,
play with all the instruments of the orchestra,
speak with all the languages, write with each alphabet
names of all creatures who have ever lived;
from these, let us make a great name,
*shmay rabb*a that includes them all,
serving us as both lament and prayer.
Yitgadal v'yitkadash—
Let us make that great name
great and holy.

קַדִּישׁ חָדָשׁ

הַיָּם נִבְקַע, הַשָּׁמַיִם נִפְתָּחִים,
אִישׁ שֶׁמֵּת לִפְנֵי שְׁלוֹשָׁה יָמִים הוֹלֵךְ בַּדֶּרֶךְ,
סוּס וְרוֹכְבוֹ עָפִים בַּשָּׁמַיִם לְעִיר הַקֹּדֶשׁ,
—הָאָדָם הַשָּׁמֵן יוֹרֵד דֶּרֶךְ הָאֲרוּבָּה
אוֹי, עוֹלָם מְתוּרְבָּת,
טוֹבֵעַ בְּיָם חָסֵר מַמָּשׁוּת.

נִבְרָא אֶת הַגִּרְסָה הַבָּאָה:
נְקַדֵּשׁ אֶת הָעוֹלָם
בְּלִי סִיפּוּרִים יְשָׁנִים, בְּלִי מַסֵּכוֹת.
נְצַיֵּיר בְּכָל הַצְּבָעִים,
נְנַגֵּן בְּכָל כְּלֵי הַתִּזְמוֹרֶת,
נְדַבֵּר בְּכָל הַלְּשׁוֹנוֹת וְנִכְתּוֹב בְּכָל אָלֶף–בֵּית
הַשֵּׁמוֹת שֶׁל כָּל הַיְצוּרִים שֶׁחָיוּ עַד עַכְשָׁיו,
שְׁמֵהּ רַבָּא שֶׁיִּכְלוֹל אֶת כּוּלָם
וִישַׁמֵּשׁ לָנוּ כְּקִינָה וּתְפִילָּה.
יִתְגַּדַּל וְיִתְקַדַּשׁ
שְׁמֵהּ רַבָּא.

For the New Year

1.
From evening 'til morning 'til evening,
the world revolves. Nature self-corrects, but will I?
There's much to atone for in how I manage my world:
The absence of a god is no excuse.

2.
No law, nor judge, said Cain in his heart
and killed his brother to test his claim.
Cain was asked, where are you? I too check
whether I am bent or upright.

3.
Difficult to be a sheep without a shepherd,
David said in his heart, so prayed to a god to guide his walk.
To forge a soul is lonely work,
suitable for a shepherd:
I am the only sheep that I can guide.

4.
It is said that Abraham, during his wanderings, planted a tamarisk,
and asked it many questions.
I try to live without illusions.
That's all the legacy I leave my children.

לְרֹאשׁ הַשָּׁנָה

.1

מֵעֶרֶב עַד בּוֹקֶר עַד עֶרֶב, הָעוֹלָם מִסְתּוֹבֵב.
הַטֶּבַע מִשְׁתַּפֵּר, אֲבָל מַה אִתִּי?
יֵשׁ הַרְבֵּה עַל מַה לְבַקֵּשׁ סְלִיחָה בְּנִיהוּל עוֹלָמִי:
הֶעְדֵּר אֱלוֹהַּ אֵינוֹ תֵּרוּץ.

.2

אֵין דִּין וְאֵין דַּיָּן, אָמַר קַיִן בְּלִבּוֹ,
וְהָרַג אֶת אָחִיו לִבְדּוֹק אֶת טַעֲנָתוֹ.
קַיִן נִשְׁאַל, אַיֶּכָּ? גַּם אֲנִי בּוֹדֵק
אִם אֲנִי כָּפוּף אוֹ זָקוּף.

.3

קָשֶׁה לִהְיוֹת צֹאן בְּלִי רוֹעֶה, אָמַר דָּוִד בְּלִבּוֹ
וְהִתְפַּלֵּל לֶאֱלוֹהַּ שֶׁיְּנַוֵּט אֶת דַּרְכּוֹ.
לְיַצֵּר נְשָׁמָה הִיא עֲבוֹדָה בּוֹדֶדֶת,
רְאוּיָה לְרוֹעֶה צֹאן:
אֲנִי הַצֹּאן הַיְחִידִי שֶׁאֲנִי מְנַהֵל.

.4

נֶאֱמַר שֶׁאַבְרָהָם בִּנְדוּדָיו נָטַע אֵשֶׁל
וְשָׁאַל אוֹתוֹ הַרְבֵּה שְׁאֵלוֹת.
אֲנִי מְנַסֶּה לִחְיוֹת בְּלִי אַשְׁלָיוֹת.
זֹאת כֹּל הַיְּרוּשָּׁה שֶׁאֲנִי מַנְחִיל לְבָנַי.

Blessing Songs

1.
In my childhood, I learned to bless God
to be grateful for my life:
Today I bless the world for gifts
that arrive without address.
In my childhood, I learned to bless forever:
Today, with no certain future, I am
grateful for the good that will surely vanish.

2.
All my life I've been blessing my grandmother
who taught me to say Good Morning
to the trees and the clouds and the sun,
which bless me every day.

3.
I haven't yet blessed my childhood bully
who had twenty pounds on me,
and constantly hit my shoulder.
I hit him back, as my mother had taught me:
"If I am not for myself, who will be for me?"

4.
I bless again the goodness of my neighbor
who sent me chicken soup when I was sick,
the neighbor who drove me to the airport
after I'd spent most of my money on the trip,
and the stranger who said hello to me on the bus,
even though she'd never seen me.

שִׁירֵי בְּרָכָה

1.

בְּיַלְדוּתִי, לָמַדְתִּי לְבָרֵךְ אֶת הָאֱלֹהִים
כְּדֵי לְהוֹדוֹת עַל חַיַּי:
הַיּוֹם אֲנִי מְבָרֵךְ אֶת הָעוֹלָם עֲבוּר מַתָּנוֹת
שֶׁמַּגִּיעוֹת בְּלִי כְּתוֹבֶת.
בְּיַלְדוּתִי, לָמַדְתִּי לְבָרֵךְ לְעוֹלָם וָעֶד:
הַיּוֹם, בְּעָתִיד אִי–וַדָּאִי, אֲנִי
מַכִּיר בַּטּוֹב שֶׁבְּוַדַּאי יֵעָלֵם.

2.

כָּל חַיַּי בֵּרַכְתִּי אֶת סַבָּתִי
שֶׁלִּמְּדָה אוֹתִי לְהַגִּיד בּוֹקֶר טוֹב
לָעֵצִים, לָעֲנָנִים וְלַשֶּׁמֶשׁ
שֶׁמְּבָרְכִים אוֹתִי בְּכָל יוֹם.

3.

לֹא בֵּרַכְתִּי עֲדַיִן אֶת הַבִּרְיוֹן מִיַּלְדוּתִי
שֶׁשָּׁקַל יוֹתֵר מִמֶּנִּי בַּעֲשָׂרָה קִילוֹ
וְתָמִיד הִרְבִּיץ לִי בַּכָּתֵף.
הֶחֱזַרְתִּי לוֹ מַכּוֹת, כְּמוֹ שֶׁאִמִּי לִמְּדָה אוֹתִי:
'אִם אֵין אֲנִי לִי, מִי לִי?'

4.

אֲנִי מְבָרֵךְ שׁוּב עַל טוּב הַשְּׁכֵנָה
שֶׁשָּׁלְחָה לִי מְרַק עוֹף בִּזְמַן שֶׁחָלִיתִי,
שֶׁל הַשָּׁכֵן שֶׁהֵבִיא אוֹתִי לִשְׂדֵה הַתְּעוּפָה
אַחֲרֵי שֶׁהוֹצֵאתִי אֶת רוֹב כַּסְפִּי עַל הַנְּסִיעָה,
וְשֶׁל הַזָּרָה שֶׁאָמְרָה לִי שָׁלוֹם בָּאוֹטוֹבּוּס
אֲפִילוּ שֶׁלֹּא הִכִּירָה אוֹתִי מִיָּמֶיהָ.

5.
The world is broken and dangerous:
With lions roaming the streets,
it's much easier to stay at home.
Strengthen yourself to go out to war each day
and be blessed in this: you will see the wounded,
hear their cries, respond.

.5

עוֹלָמֵנוּ שָׁבוּר וּמְסוּכָּן:
כְּשֶׁאֲרָיוֹת רוֹבְצִים בָּרְחוֹבוֹת
הַרְבֵּה יוֹתֵר קַל לְהִשָּׁאֵר בַּבַּיִת.
תִּתְחַזְּקִי לָצֵאת לַמִּלְחָמָה כָּל יוֹם
וּתְבָרְכִי בָּזֶה: תִּרְאִי אֶת הַפְּצוּעִים,
תַּקְשִׁיבִי לְצַעֲקָתָם, תָּגִיבִי.

An Added Soul

Better than growing one soul
is growing two—
one with a shell for weekdays,
and another for Shabbat, a soft,
quiet bird that seeks its food
without chasing away the other birds.

This small bird lands and flutters in my heart
when I sing songs of Shabbat.
My skin slowly sheds.
I grow fins and a breathing hole
and dive to swim among the dolphins
like a mermaid.

נְשָׁמָה יְתֵירָה

טוֹב מִלְטַפֵּחַ נְשָׁמָה אַחַת—
שְׁתֵּי נְפָשׁוֹת,
אַחַת עִם קוֹנְכִיָּה לִימֵי חוֹל,
וְאַחֶרֶת לְשַׁבָּת, צִפּוֹר רַכָּה וּשְׁקֵטָה
מְחַפֶּשֶׂת אוֹכֶל בְּלִי לִדְחוֹת
אֶת הַצִּפּוֹרִים הָאֲחֵרוֹת.

הַצִּפּוֹר הַקְּטַנָּה נוֹחֶתֶת וּמְפַרְפֶּרֶת בְּלִבִּי
כְּשֶׁאֲנִי שָׁר שִׁירֵי שַׁבָּת.
עוֹרִי נִפְשַׁט לְאַט וַאֲנִי מְגַדֵּל
סְנַפִּירִים וְחוֹר לַנְּשִׁימָה,
צוֹלֵל וְשׂוֹחֶה עִם הַדּוֹלְפִינִים
כִּבְתוּלַת יָם.

Poem of One and Two and Nothing

1.
The world is our world, the world is one.
May these words which you speak today
be in your hearts, repeat them
to your sons and daughters, so they will repeat them
to their sons and daughters—with changes.

2.
There are many worlds in our world:
for every man or woman,
for every boy or girl, a unique world:
Living in another's world takes immense effort.

3.
Believers say there is a world that is
and a world that is unseen.
What I don't see, I feel,
here on earth between me and you and you.

4
The wise ones of Greece thought that we are two,
body and soul.
Without a body, how can the soul aspire?
And without a soul, everything is body,
desiring until it bursts.

שִׁיר עַל אֶחָד וּשְׁנַיִם וָאֶפֶס

1.

הָעוֹלָם עוֹלָמֵנוּ, הָעוֹלָם אֶחָד.
יִהְיוּ הַדְּבָרִים הָאֵלֶּה אֲשֶׁר אַתֶּם אוֹמְרִים הַיּוֹם
עַל לְבַבְכֶם, שַׁנְּנוּ אוֹתָם לִבְנֵיכֶם וּלִבְנוֹתֵיכֶם
וְהֵם יְשַׁנְּנוּ אוֹתָם לִבְנֵיהֶם וְלִבְנוֹתֵיהֶם—בְּשִׁנּוּיִים.

2.

הַרְבֵּה עוֹלָמוֹת בְּעוֹלָמֵנוּ:
לְכָל אִישׁ אוֹ אִשָּׁה, יֶלֶד אוֹ יַלְדָּה,
עוֹלָם מְיוּחָד מִשֶּׁלָּהֶם:
מַאֲמַץ עָצוּם לִחְיוֹת בָּעוֹלָם שֶׁל אַחֵר.

3.

הַמַּאֲמִינִים אוֹמְרִים שֶׁיֵּשׁ עוֹלָם נִרְאָה
וְעוֹלָם בִּלְתִּי נִרְאָה.
מַה שֶּׁאֲנִי לֹא רוֹאֶה, אֲנִי חָשׁ,
כַּאן בָּאָרֶץ בֵּינִי וּבֵינְךָ וּבֵינֵךְ.

4.

חַכְמֵי יָוָן חָשְׁבוּ שֶׁאֲנַחְנוּ שְׁנַיִם,
גּוּף וּנְשָׁמָה.
בְּלִי גּוּף, אֵיךְ שׁוֹאֶפֶת הַנְּשָׁמָה?
וּבְלִי נְשָׁמָה, הַכֹּל גּוּף חוֹשֵׁק
עַד שֶׁמִּתְפָּרֵץ.

An Added Soul 13

5.
Mystics of every religion say that the world is nothing:
zero and one equal zero and so on
through the rest of the numbers and stories:
the windows foggy, the forms empty, the voids vacant.
Searchers of the sky say that eighty-five percent
of all that is is dark matter, truly nothing.
Who am I to quibble over fifteen percent?

6.
There are those who say that everything is God
and there are those who say that everything shows
the absence of God.
The line between the two is thin
because the space of the universe is curved
and in curved spaces, opposite forces touch.

7.
If I entirely open up my soul to another,
I disappear and if I close my soul
to another, he disappears and she disappears.
Both our realities are dependent on our keeping
our souls half-open and half-closed,
like the membrane of a cell.

8.
For my poem there is no end, only keeping on.
All times are right to continue
for those who return with questions
about one and two and nothing.

.5

הַמְקֻבָּלִים שֶׁל כָּל דָּת אוֹמְרִים שֶׁהָעוֹלָם אַיִן:
אֶפֶס וָאֶחָד, אֶפֶס, וְכֵן הָלְאָה
לְכָל הַמִּסְפָּרִים וְהַסִּיפּוּרִים:
הַחַלּוֹנוֹת מְעוּרְפָּלִים, הַצּוּרוֹת רֵיקוֹת, הַחֲלָלִים חֲלוּלִים.
חוֹקְרֵי הַשָּׁמַיִם אוֹמְרִים שֶׁשְּׁמוֹנִים וְחֲמִישָּׁה אָחוּז
שֶׁל כָּל מַה שֶּׁיֵּשׁ חוֹמֶר אָפֵל, בְּאֱמֶת אַיִן.
מִי אֲנִי שֶׁאֶתְוַכֵּחַ עַל חֲמִישָּׁה עָשָׂר אָחוּז?

.6

יֵשׁ אוֹמְרִים שֶׁהַכֹּל אֱלֹהִים
וְיֵשׁ אוֹמְרִים שֶׁהַכֹּל מַרְאֶה
חוֹסֶר אֱלֹהִים.
הַקַּו בֵּינֵיהֶם דַּק
כִּי חָלָל הַיְּקוּם עָקוּם
וּבְחָלָל עָקוּם כּוֹחוֹת מְנוּגָּדִים נִפְגָּשִׁים.

.7

אִם אֲנִי פּוֹתֵחַ לְגַמְרֵי אֶת נַפְשִׁי לְאַחֵר,
אֲנִי נֶעֱלָם
וְאִם אֲנִי סוֹגֵר אֶת נַפְשִׁי לְאַחֵר,
הוּא נֶעֱלָם וְהִיא נֶעֱלֶמֶת.
הַמְּצִיאוּת שֶׁל שְׁנֵינוּ תְּלוּיָה בָּזֶה שֶׁאָנוּ שׁוֹמְרִים
אֶת נַפְשׁוֹתֵינוּ חֲצִי פְּתוּחוֹת וַחֲצִי סְגוּרוֹת,
כְּמוֹ מַעֲטֶפֶת הַתָּא.

.8

לְשִׁירַי אֵין סוֹף, רַק הֶמְשֵׁךְ.
כָּל זְמַן עֵת רָצוֹן לְהַמְשִׁיךְ
לְאֵלֶּה שֶׁחוֹזְרִים בִּשְׁאֵלָה
עַל אֶחָד וּשְׁנַיִם וָאַיִן.

II

Family Plot
עֲלִילָה מִשְׁפַּחְתִּית

Queen for a Day

My grandmother loved to watch Queen for a Day,
listening to each woman tell her sad story,
until they placed the crown on the winner's head.

The American competitors needed washing machines.
My grandmother needed only her husband,
dead for more than twenty years.

How many separations she'd endured
in the years when, with trumpet calls, he'd rallied the Czar's troops
against Japanese and Germans,

the years he'd peddled door to door in New England towns,
while she ran a market-day saloon
for the drunken farmers

and when he sent the money to buy tickets
having to separate from her mother,
who would one day be killed by Hitler's villains,

also from her youngest brother and his wife,
who left their baby girl with a Gentile family,
dying to save their comrades.

If she could once have spoken of these things,
she might have broken down at last and wept
not as queen for a day, but as mother of all our catastrophes.

מַלְכָּה לְיוֹם אֶחָד

סַבְתָּא אָהֲבָה לִצְפּוֹת בְּ'מַלְכָּה לְיוֹם אֶחָד' בַּטֶּלֶוִיזְיָה,
הִקְשִׁיבָה לְכָל אִשָּׁה מְתָאֶרֶת אֶת סִיפּוּרָהּ הֶעָלוּב
עַד שֶׁשָּׂמוּ אֶת הַכֶּתֶר עַל רֹאשׁ הַמְּנַצַּחַת.

הַמִּתְחָרוֹת הָאֲמֶרִיקָאִיּוֹת הָיוּ צְרִיכוֹת מְכוֹנוֹת כְּבִיסָה;
הַסַּבְתָּא הָיְיתָה צְרִיכָה רַק אֶת בַּעֲלָהּ
שֶׁמֵּת לִפְנֵי עֶשְׂרִים שָׁנִים.

כַּמָּה פְּרֵדוֹת הִיא סָבְלָה
בַּשָּׁנִים שֶׁהָיָה מְעוּדֵּד בְּחַצוֹצְרָה אֶת חַיָּלֵי הַצָּבָא
נֶגֶד יַפָּנִים וְגֶרְמַנִים,

בַּשָּׁנִים שֶׁמָּכַר מִבַּיִת לְבַיִת בְּעֲיָרוֹת נְיוּ-אִינְגְלַנְד
וְהִיא עָסְקָה בְּאַכְסַנְיָה לִימוֹת הַשּׁוּק
לָאִכָּרִים הַשִּׁכּוֹרִים

וּלְבַסּוֹף כְּשֶׁשָּׁלַח כֶּסֶף לִקְנוֹת כַּרְטִיסִים,
הַהֶכְרֵחַ לְהִפָּרֵד מֵאִמָּהּ
שֶׁתֵּהָרֵג עַל יְדֵי רִשְׁעֵי הִיטְלֶר

וְגַם לְהִפָּרֵד מֵאָחִיהָ הַקָּטָן וְאִשְׁתּוֹ
שֶׁהִשְׁאִירוּ תִינוֹקֶת עִם מִשְׁפָּחָה נָכְרִית
וּמֵתוּ לְהַצִּיל אֶת חַבְרֵיהֶם.

אִם יָכְלָה פַּעַם לְדַבֵּר עַל הַדְּבָרִים הָאֵלּוּ
אוּלַי הָיְתָה מִתְפָּרֶקֶת וְסוֹף סוֹף בּוֹכָה,
לֹא כְּמַלְכָּה לְיוֹם אֶחָד, אֶלָּא כְּאֵם לְכָל אַסוֹנוֹתֵינוּ.

From Generation to Generation

How can I forget
that my son threatened me with a shovel,
swore he had been falsely accused over money
his sister had stolen?

How could my father forget
that I once raised a knife
to his face when he stood behind me
showing me how to carve the Thanksgiving turkey?

After the ram was slaughtered,
how could Abraham forget
the devouring knife that Isaac seized
and held against his trembling throat?

מִדּוֹר לְדוֹר

אֵיךְ אֶשְׁכַּח
שֶׁבְּנִי אִיֵּם עָלַי בְּאֵת,
נִשְׁבַּע שֶׁנֶּאֱשַׁם בְּטָעוּת עַל הַכֶּסֶף
שֶׁאֲחוֹתוֹ גָּנְבָה?

אֵיךְ יִשְׁכַּח אָבִי
שֶׁהֵרַמְתִּי עָלָיו סַכִּין
כְּשֶׁעָמַד מֵאֲחוֹרַי לְהַרְאוֹת לִי אֵיךְ
לַחְתּוֹךְ אֶת תַּרְנְגוֹל-הַהוֹדּוּ לְחַג הַהוֹדָיָה?

אַחֲרֵי שֶׁהָאַיִל נִשְׁחַט,
אֵיך יִשְׁכַּח אַבְרָהָם
אֶת הַמַּאֲכֶלֶת שֶׁהֶחֱזִיק יִצְחָק
נֶגֶד צַוָּארוֹ הָרוֹעֵד?

Nighttime Guests

1.
The grandfather I never knew comes by night
 and places in my pockets two slips; on one is written
 "I am dust and ashes" and on the second
 that "the world was created for me."
When I reach my hand into one pocket,
 the second yells, "What about me?"
The same thing with the first pocket.
So my hands flail all night long.

2.
My grandmother comes to visit me by night
 eating a bagel with cream cheese
 and, with eyes closed, recites her favorite psalm.
We two walk beside still waters
 and through valleys without fear
 until my enemies pour out her full cup.

3.
My mother, wearing a hat like the Pope's,
 brings with her the sage Hillel,
 who prods me for the thousandth time:
"If you are only for yourself, what are you?'
 She defends me like a heavenly advocate.
"Don't you blame my son!
 So he didn't call every day,
 but neither did his brother."

אוֹרְחֵי לַיְלָה

.1

סַבָּא שֶׁלֹּא הִכַּרְתִּי בָּא בַּלַּיְלָה
וְשָׂם בַּכִּיסִים שֶׁלִּי שְׁנֵי פְּתָקִים: בְּאֶחָד כָּתוּב
'אֲנִי עָפָר וָאֵפֶר' וּבַשֵּׁנִי כָּתוּב
'הָעוֹלָם נִבְרָא בִּשְׁבִילִי'.
כְּשֶׁאֲנִי מַכְנִיס יָד לַכִּיס הָאֶחָד
הַשְּׁנִיָּה צוֹעֶקֶת 'מַה אִתִּי?'
אוֹתוֹ דָּבָר עִם הַכִּיס הָרִאשׁוֹן.
כָּל הַלַּיְלָה יָדַי מִתְנַפְנְפוֹת.

.2

סַבְתָּא מְבַקֶּרֶת אֶצְלִי בַּלֵּילוֹת,
אוֹכֶלֶת בֵּיגֶל עִם גְּבִינַת שַׁמֶּנֶת
וּמְדַקְלֶמֶת בְּעֵינַיִם סְגוּרוֹת
אֶת הַמִּזְמוֹר הֲכִי חָבִיב עָלֶיהָ.
שְׁנֵינוּ הוֹלְכִים לְיַד מַיִם שְׁקֵטִים
וְדֶרֶךְ עֲמָקִים לְלֹא פַּחַד
עַד שְׁאוֹיְבַי שׁוֹפְכִים אֶת כּוֹסָהּ הַמְּלֵאָה.

.3

אִמִּי, חוֹבֶשֶׁת כּוֹבַע שֶׁל אַפִּיפְיוֹר,
מְבִיאָה אִתָּהּ אֶת הִלֵּל הַזָּקֵן
שֶׁמְּדַרְבֵּן אוֹתִי בְּפַעַם הָאֶלֶף:
'וּכְשֶׁאַתָּה לְעַצְמְךָ, מָה אַתָּה'?
הִיא מְגִנָּה עָלַי כְּסָנֵיגוֹר:
'אַל תַּאֲשִׁים אֶת בְּנִי.
נָכוֹן שֶׁהוּא לֹא צִלְצֵל כָּל עֶרֶב,
אֲבָל אָחִיו גַּם לֹא צִלְצֵל'.

4.
My father appears as a ten-year old boy
singing in a choir of four parts,
his voice reaching the highest notes.
He and I sing, "Save us!"
as we used to sing in the synagogue,
he, conducting a choir of two voices,
mine and his.

.4

אָבִי מוֹפִיעַ כְּבָחוּר בֶּן עֶשֶׂר
שֶׁשָּׁר בְּמַקְהֵלָה שֶׁל אַרְבָּעָה קוֹלוֹת
וְקוֹלוֹ מַגִּיעַ לַתָּוִים הֲכִי גְּבוֹהִים.
אֲנִי וְהוּא שָׁרִים, 'הוֹשִׁיעָה נָא'!
כְּמוֹ שֶׁשַּׁרְנוּ פַּעַם בְּבֵית הַכְּנֶסֶת,
הוּא מְנַצֵּחַ עַל מַקְהֵלָה שֶׁל שְׁנֵי קוֹלוֹת,
שֶׁלִּי, שֶׁלּוֹ.

I Don't Separate from the Community

I don't interfere with anyone,
don't go up on the bimah
don't scream like a wild man,
only sit quietly during prayers,
not saying Amen
and not answering, Blessed be the Great Name.
I don't interfere with anyone,
only wait till the end of prayers
to say hello to the Jews of my neighborhood,
to drink some schnapps with them
and to ask after their children.
They don't throw me out,
even if I am the wicked son
whose teeth you must set on edge.

לֹא פָּרַשְׁתִּי מִן הַצִּיבּוּר

אֵינִי מַפְרִיעַ לְאַף אֶחָד
לֹא עוֹלֶה עַל הַבִּימָה
לֹא צוֹעֵק כְּפֶרֶא אָדָם,
רַק יוֹשֵׁב בְּשֶׁקֶט בִּזְמַן הַתְּפִילָּה,
אֲבָל לֹא אוֹמֵר אָמֵן
וְלֹא מְבָרֵךְ בְּרִיךְ שְׁמֵהּ רַבָּה.
אֵינִי מַפְרִיעַ לְאַף אֶחָד,
רַק מְחַכֶּה עַד סוֹף הַתְּפִילָּה
לְהַגִּיד שָׁלוֹם לִיהוּדֵי שְׁכוּנָתִי,
לִשְׁתּוֹת אִתָּם כּוֹס שְׁנַאפְּס
וְלִשְׁאוֹל בִּשְׁלוֹם יַלְדֵיהֶם.
לֹא מוֹצִיאִים אוֹתִי מִן הַקָּהָל,
אֲפִילוּ אִם אֲנִי הַבֵּן הָרָשָׁע
שֶׁצְּרִיכִים לְהַקְהוֹת אֶת שִׁינָּיו.

An Added Soul 27

III

The Coming World

הַעוֹלָם הַבָּא

A New Old Religion

A new old religion
without gods and holy worship
and commandments engraved in stone,
without ecstatic dances,
without prophets and crazy riddles:
At its center,
how Ruth followed Naomi out of love,
how Boaz opened his hand and his heart to Naomi and Ruth,
how he gave them six overflowing measures of barley,
how he prevented his young men
from harassing the attractive stranger.
how he bought an unneeded field
to heal a broken Naomi.
The lion will not lie down with the lamb.
With kindness, the world to come can come now.

דַּת חֲדָשָׁה נוֹשָׁנָה

דַּת חֲדָשָׁה נוֹשָׁנָה
בְּלִי אֱלֹהִים וּפֻלְחַן קָדוֹשׁ,
בְּלִי מִצְווֹת חֲרוּתוֹת עַל אֶבֶן,
בְּלִי רִקּוּדִים נִלְהָבִים,
בְּלִי נְבִיאִים וְחִידוֹת מְשֻׁגָּעוֹת:
בְּמֶרְכָּזָהּ,
אֵיךְ רוּת הָלְכָה אַחֲרֵי נָעֳמִי בְּחֶמְלָה,
אֵיךְ בּוֹעַז פָּתַח אֶת יָדוֹ וְלִבּוֹ לְנָעֳמִי וּלְרוּת,
שֶׁנָּתַן לָהֶן שֵׁשׁ מָנוֹת שְׂעוֹרָה שׁוֹפְעוֹת,
שֶׁמָּנַע מִנְּעָרָיו לְהָצִיק לַזָּרָה הַמּוֹשֶׁכֶת,
שֶׁקָּנָה שָׂדֶה בִּלְתִּי נָחוּץ
כְּדֵי לְרַפֵּא אֶת נָעֳמִי הַשְּׁבוּרָה.
הָאַרְיֵה לֹא יִשְׁכַּב עִם הַכֶּבֶשׂ.
בְּחֶסֶד, הָעוֹלָם הַבָּא יָכוֹל לָבֹא עַכְשָׁו.

What I Learned from Melvin

I thought to even the sides
in playing Monopoly with Melvin,
something easy to pass the weekend
volunteering for the homeless at our Temple.
My eleven–year-old daughter
adopted the blue-green strategy
she had learned from me, waiting to buy
until she landed on the bright green of North
Carolina or the aquamarine of Boardwalk,
while I bought the railroads and public utilities,
boring but lucrative, and Melvin paid
for whatever property he landed on, Arctic,
Mediterranean, St. James, Indiana,
purples, oranges, reds and yellows, property-rich,
but whenever he landed
in my daughter's high-rent district, he was
flat broke and each time would mortgage one of his
to pay the rent. I asked him, "Melvin,
why do you buy every property you land on?
You must know that you can't possibly win."
"Not win," he said, "just wanna stay in the game."

מַה שֶׁלָּמַדְתִּי מִמֶּלְוִין

חָשַׁבְתִּי לְאַזֵּן אֶת הַצְּדָדִים
לְשַׂחֵק בְּמוֹנוֹפּוֹלִי עִם מֶלְוִין,
מַשֶּׁהוּ קַל לְסוֹף הַשָּׁבוּעַ
בְּהִתְנַדְּבוּת לְחַסְרֵי בַיִת בְּבֵית הַכְּנֶסֶת.
בִּתִּי, בַּת אַחַת–עֶשְׂרֵה,
בָּחֲרָה בַּאַסְטְרָטֶגְיָה הַכָּחוֹל–יָרוֹק
שֶׁלָּמְדָה מִמֶּנִּי, מְחַכָּה לִקְנוֹת
עַד שֶׁנָּחֲתָה בַּיָּרוֹק הַבָּהִיר שֶׁל קָרוֹלַיְנָה
הַצְּפוֹנִית אוֹ עַל הַיָּרוֹק–הַכְּחַלְחַל שֶׁל בּוֹרְדְווֹק
וַאֲנִי קָנִיתִי אֶת הָרַכָּבוֹת וְאֶת הַשֵּׁירוּתִים הַצִּיבּוּרִיִּים,
מְשַׁעַמְמִים, אֲבָל רִוְחִיִּים, וּמֶלְוִין קָנָה
כָּל נֶכֶס שֶׁעָלָיו נָחַת, אַרְקְטִיק,
מֶדִיטֶרֶנִיאַן, סֵיינְט גֶ'יימְז, אִינְדִּיאַנָא,
אַרְגָּמָן, כָּתוֹם, אָדוֹם וְצָהוֹב, עָשִׁיר בִּנְכָסִים,
וּכְשֶׁנָּחַת בַּמְּחוֹזוֹת הַיְּקָרִים שֶׁל בִּתִּי
הִתְרוֹשֵׁשׁ לְגַמְרֵי וְכָל פַּעַם מִשְׁכֵּן אֶחָד מִנְּכָסָיו
לְשַׁלֵּם שְׂכַר הַדִּירָה. שָׁאַלְתִּי מִמֶּנּוּ, 'מֶלְוִין,
לָמָּה אַתָּה קוֹנֶה כָּל נֶכֶס שֶׁעָלָיו אַתָּה נוֹחֵת?
לֹא הֵבַנְתָּ שֶׁכָּכָה לֹא תְּנַצֵּחַ'?
'לֹא רוֹצֶה לְנַצֵּחַ,' אָמַר, 'רַק רוֹצֶה לְהִשָּׁאֵר בַּמִּשְׂחָק'.

Sukkot Prayer

We have spread a roof of branches over us,
invited to our Sukkah dear friends.
We speak of the holiday and its symbols,
knowing that this tiny, flimsy house
will comfort us for a few days
before the coming of the strong rains
and the devouring winds.
So let us praise the shade
beneath which we rest
and pray that we merit spending
eight such days in another year.

תְּפִילָה לְסוּכּוֹת

פָּרַשְׂנוּ עָלֵינוּ תִּקְרָה שֶׁל עֲנָפִים,
הִזְמַנְנוּ לְסוּכָּתֵנוּ חֲבֵרִים יְקָרִים.
מְשׂוֹחְחִים עַל הַחַג וּסְמָלָיו,
מְבִינִים שֶׁהַבַּיִת הַקְטַנְטַן וְהֶחָלָשׁ
יַרְגִּיעַ אוֹתָנוּ לְכַמָּה יָמִים
לִפְנֵי בּוֹא הַגְּשָׁמִים הַחֲזָקִים
וְהָרוּחוֹת הַטּוֹרְפוֹת.
לָכֵן נְשַׁבֵּחַ אֶת הַצֵּל
שֶׁתַּחְתָּיו אָנוּ נָחִים
וּנְבַקֵּשׁ שֶׁנִּזְכֶּה בְּעוֹד שָׁנָה
לְבַלּוֹת כָּךְ שְׁמוֹנַת יָמִים.

A Talmudic Approach to Marriage

1.
The Tanna kept distant from his wife
in order not to interrupt his study,
so she dressed as a whore
and he asked her price.
"Climb to the top of that palm and bring me dates."
He climbed the palm, collected its fruits,
brought her the dates she had begged;
together they enjoyed all the fruits of her garden.
When he came back from this affair,
he saw his wife in her kitchen, dressed in gray,
went over to the stove, looked inside
to see the flames of hell burning
and threw his body in.

2.
She stood on the roof near the railing,
taking down the laundry,
yearning for her husband
whom she had not seen for the whole year
that he'd been studying in Babylonia.
She heard a beloved voice calling her name.
"Where are you, my wife, where are you?"
Suddenly, she fell from the roof and died.

3.
The Tanna boasted that his wife could never be tempted.
His student heard him and urged a test.

גִּישָׁה תַּלְמוּדִית לְנִישּׂוּאִין

.1

הַתַּנָּא הִסְתַּלֵּק מֵאִשְׁתּוֹ
כְּדֵי שֶׁלֹּא תַּפְרִיעַ לְתַלְמוּדוֹ,
הִתְחַפְּשָׂה לְזוֹנָה,
הוּא שָׁאַל מַה מְחִירָהּ.
'עֲלֵה אֶל רֹאשׁ הָעֵץ הַזֶּה
וְהָבֵא אֵלַי תְּמָרִים.'
עָלָה לְרֹאשׁ הָעֵץ, אָסַף אֶת פֵּירוֹתָיו,
הֵבִיא לָהּ אֶת הַתְּמָרִים אֲשֶׁר בִּקְשָׁה,
נֶהֱנוּ בְּיַחַד מִכָּל פֵּירוֹת גַּנָּהּ.
כְּשֶׁחָזַר מִפָּרָשַׁת הָאֲהוּבִים, פָּגַשׁ
אֶת אִשְׁתּוֹ יוֹשֶׁבֶת בַּמִּטְבָּח, לְבוּשָׁה אָפוֹר;
הִסְתַּכֵּל בַּתַּנּוּר, רָאָה
אִשֵּׁי גֵיהִנּוֹם בּוֹעֲרִים,
הִשְׁלִיךְ אֶת גּוּפוֹ לְתוֹכוֹ.

.2

אִשָּׁה עוֹמֶדֶת עַל הַגַּג לְיַד הַמַּעֲקֶה,
מוֹרִידָה אֶת הַכְּבִיסָה,
מִתְגַּעְגַּעַת לְבַעְלָהּ
שֶׁלֹּא רָאֲתָה אוֹתוֹ שָׁנָה שְׁלֵמָה שֶׁלָּמַד בְּבָבֶל.
שָׁמְעָה קוֹל אֲהוּבָהּ קוֹרֵא,
'אֵיפֹה אַתְּ אִשְׁתִּי, אֵיפֹה אַתְּ'?
לְפֶתַע, נָפְלָה מֵהַגַּג וּמֵתָה.

.3

הַתַּנָּא הִתְגָּאָה בְּאִשְׁתּוֹ שֶׁלֹּא תִּתְפַּתֶּה אַף פַּעַם,
שְׁמָעוֹ אַחַד מִתַּלְמִידָיו וְהִפְצִיר לְנַסּוֹת אֶת אִשְׁתּוֹ:

"I am the man that can tempt your wife."
"No way," said the Tanna, "she is virtuous
 and also learned in Torah."
"But have we not learned that 'women are light-headed'?
Like others, she too can be tempted."
They concluded the bet; in the end she succumbed.
She went and hanged herself from a tree.
The Tanna ran away to Babylonia.

4.
Most of the time Jews learn how to behave
from the later sources and not from the earlier ones,
but in matters of marriage, the early take precedence.
The first to give guidance for marriage—
the Holy Blessed One himself,
who said to Abraham about his wife, Sarah,
"Whatever she tells you, listen to her voice."
I don't believe in a god who speaks,
but when my wife beckons, I heed.

'אֲנִי הַגֶּבֶר שֶׁיָּכוֹל לְפַתּוֹת אֶת אִשְׁתְּךָ.'
'בְּוַודַּאי שֶׁלֹּא,' אָמַר הַתַּנָּא. 'הִיא צַדֶּקֶת
וְגַם מְלוּמֶּדֶת בַּתּוֹרָה'.
'הֲלֹא לָמַדְנוּ שֶׁנָּשִׁים קַלּוֹת הֵן?
כְּמוֹ אֲחֵרוֹת, גַּם הִיא תִּתְפַּתֶּה'.
סִיכְּמוּ אֶת הַהִימּוּר; לְבַסּוֹף הִיא נִכְנְעָה.
הָלְכָה וְתָלְתָה אֶת עַצְמָהּ עַל עֵץ.
הַתַּנָּא בָּרַח לְבָבֶל.

.4
רוֹב הַזְּמַן יְהוּדִים לוֹמְדִים לְהִתְנַהֵג
מֵהָאַחֲרוֹנִים וְלֹא מֵהָרִאשׁוֹנִים,
אֲבָל בְּעִנְיָנֵי נִשּׂוּאִין, הָרִאשׁוֹנִים קוֹדְמִים.
הָרִאשׁוֹן שֶׁנָּתַן הַדְרָכָה לְנִשּׂוּאִין—
הַקָּדוֹשׁ בָּרוּךְ הוּא עַצְמוֹ
שֶׁאָמַר לְאַבְרָהָם עַל שָׂרָה אִשְׁתּוֹ,
'כֹּל אֲשֶׁר תֹּאמַר אֵלֶיךָ, שְׁמַע בְּקוֹלָהּ'.
אֵינִי מַאֲמִין בֶּאֱלֹהִים שֶׁמְּדַבֵּר,
אַךְ כְּשֶׁאִשְׁתִּי קוֹרֵאת, אֲנִי שָׂם לֵב.

An Added Soul 39

IV

In a Far Diaspora

בִּתְפוּצוֹת רְחוֹקוֹת

Diaspora Hymn

From across the sea they brought
their heavy utensils, the brass mortar and pestle
reminding them of familiar spices,
cinnamon, cloves and also chopped nuts,
could not abide again being strangers,
expected nothing from these gentiles
among whom they peddled to earn their living,
would never trust them, never believe that
one day, their great-grandchildren would marry them,
invite them to chop nuts
in Bobbe's mortar and pestle,
light holiday candles with them
and walk with them out of Egypt,
opening wide their doors
to love.

מִזְמוֹר לַתְּפוּצוֹת

מֵעֵבֶר לַיָּם הֵבִיאוּ
אֶת הַכֵּלִים הַכְּבֵדִים, הַמַּכְתֵּשׁ וְהַעֱלִי הַפְּלִיזִים
שֶׁהִזְכִּירוּ לָהֶם את התַּבְלִינִים המוּכָּרִים,
קִינָמוֹן וְצִפּוֹרֶן וְגַם אֱגוֹזִים מְקוּצָּצִים,
לֹא יִסְבְּלוּ לִהְיוֹת שׁוּב גֵּרִים,
לֹא צִפּוּ לִכְלוּם מֵהַגּוֹיִים
שֶׁבֵּינֵיהֶם סָחֲרוּ לְהַרְוִיחַ פַּרְנָסָתָם,
לֹא יִבְטְחוּ בָּהֶם אַף פַּעַם, לֹא יַאֲמִינוּ
שֶׁיָּבוֹא יוֹם שֶׁנִינֵיהֶם יִתְחַתְּנוּ אִתָּם,
יַזְמִינוּ אוֹתָם לִקְצוֹץ אֱגוֹזִים
בַּמַּכְתֵּשׁ וּבַעֱלִי שֶׁל סַבְתָּא,
לְהַדְלִיק אִתָּם נֵרוֹת לַחַג,
לָצֵאת אִתָּם מִמִּצְרַיִם
וְלִפְתּוֹחַ אֶת דַּלְתוֹתֵיהֶם לִרְוָחָה
לְאַהֲבָה.

Musings of A Jewish Hellenist on Chanukah

"When I spoke up at a parent meeting
in favor of teaching our children Greek,
they mocked me:
'Sure, we can teach them Greek
when you find a time that is neither night nor day,
because night and day, we are absorbed in our Torah.'
When I showed them how the Septuagint
improves upon the ancient, garbled Hebrew,
they called a fast to lament the desecration."

Now I sit and watch the tiny candles
burning in my deep diaspora,
competing with their small light
against the giant blaze of Christmas
and feel grateful for a festival
of small lights,
because only from small deeds—
giving a soft answer, turning away anger, increasing
peace at home—
is the world sustained.

הִרְהוּרִים שֶׁל מִתְיַוֵּן יְהוּדִי בַּחֲנוּכָּה

'כְּשֶׁקַּמְתִּי בַּאֲסֵפַת הוֹרִים
לְהַצִּיעַ שֶׁנְּלַמֵּד אֶת בָּנֵינוּ יְוָנִית,
לָעֲגוּ בִּי: 'בֶּטַח, נְלַמֵּד לָהֶם יְוָנִית
אִם תִּמְצָא שָׁעָה שֶׁהִיא לֹא יוֹם וְלֹא לַיְלָה,
כִּי יוֹם וָלַיְלָה נֶהֱגֶה בְּתוֹרָתֵנוּ.'
כְּשֶׁהֶרְאֵיתִי לָהֶם אֵיךְ תַּרְגּוּם הַשִּׁבְעִים
מְשַׁפֵּר אֶת הָעִבְרִית הָעַתִּיקָה הַמְעֻוֶּתֶת
קָרְאוּ צוֹם לְיַלֵּל עַל הַחִילוּל.'

כָּעֵת אֲנִי יוֹשֵׁב וּמִסְתַּכֵּל בַּנֵּרוֹת הַקְּטַנְטַנִּים
דוֹלְקִים בַּתְּפוּצוֹת הָרְחוֹקוֹת שֶׁלִּי,
מִתְחָרִים בָּאוֹר הַקָּטָן שֶׁלָּהֶם
עִם הַלֶּהָבָה הָעֲנָקִית שֶׁל חַג הַמּוֹלָד
וּמַרְגִּישׁ אֶת עַצְמִי מְאוּשָּׁר בְּחַג
שֶׁל אוּרִים קְטַנִּים,
כִּי רַק תּוֹדוֹת לְמַעֲשִׂים קְטַנִּים—
תְּשׁוּבָה רַכָּה, הַרְגָּעַת כַּעַס, רִבּוּי שְׁלוֹם בַּיִת—
הָעוֹלָם עוֹמֵד.

To Remember and to Blot Out

On the days of remembrance—
a feeling
that there is no suffering like our suffering.
I buy a pen,
write on a clean sheet of paper
Amalek—Haman—Chmelnitzki—Hitler—Arafat
and attack the names with a sharp line
in order to blot out their memory,
but not so much
that I forget.

לִזְכּוֹר וְלִמְחוֹת

בִּימֵי הַזִּכָּרוֹן—
הַרְגָּשָׁה
שֶׁאֵין כְּאֵב כִּכְאֵבֵנוּ.
אֲנִי קוֹנֶה עֵט חָדָשׁ,
כּוֹתֵב עַל דַּף נָקִי
עֲמָלֵק—הָמָן—חֶמֶלְנִיצְקִי—הִיטְלֶר—עֲרַפָאת,
מַתְקִיף אֶת הַשֵּׁמוֹת
בְּקַו חַד
כְּדֵי לִמְחוֹת אֶת זִכְרָם,
אֲבָל לֹא עַד כְּדֵי כַּךְ
שֶׁאֶשְׁכַּח.

My Israelis, My Israel

1.
Israelis are scattered around the world,
especially in places that are far from home.
In Radium Springs, Alberta,
I eat peppery felafel from Baghdad
at a restaurant called Safta's Kitchen;
in Pavones, Costa Rica, I try Israeli-salad,
finely chopped with just the right amount of lemon juice.
After eating, I speak to the proprietors in Hebrew,
so that they can't escape completely.

2.
Those are the easy ones. The hard ones
are travelling abroad and looking for fights,
so I enter into battle for Smaller Israel
and the prison that is Gaza:
Brothers
fighting with words
struggling over the inheritance of their fathers.

3.
My great-grandfather journeyed to Palestine
to die in 1929,
came back to Boston in 1930,
saying you could get killed there.
I journeyed to the State of Israel
as a young man in 1969
and heard a relative say that the only good Arab

יִשְׂרְאֵלִים שֶׁלִּי, יִשְׂרָאֵל שֶׁלִּי

.1

יִשְׂרְאֵלִים מְפוּזָּרִים בָּעוֹלָם,
בְּיִחוּד בִּמְקוֹמוֹת רְחוֹקִים מִמּוֹלַדְתָּם.
בְּרֵדִיוּם סְפְּרִינְגְז בְּאַלְבֶּרְטָא,
אֲנִי אוֹכֵל פְלָאפֶל מְפוּלְפָּל מִבַּגְדָּד
בְּמִסְעָדָה בְּשֵׁם הַמִּטְבָּח שֶׁל סַבְתָּא;
בְּפַּאבּוֹנֶס בְּקוֹסְטָא רִיקָא, אֲנִי טוֹעֵם סָלָט יִשְׂרְאֵלִי,
חָתוּךְ הֵיטֵיב עִם הַכַּמּוּת הַנְּכוֹנָה שֶׁל מִיץ לִימוֹן.
אַחֲרֵי הָאוֹכֶל, אֲנִי מְדַבֵּר עִם הַבְּעָלִים בְּעִבְרִית
כְּדֵי שֶׁלֹּא יִבְרְחוּ לְגַמְרֵי.

.2

אֵלֶּה הֵם הַקַּלִּים. הַקָּשִׁים הֵם
הַמְּטַיְּלִים לְחוּץ לָאָרֶץ וּמְחַפְּשִׂים קָרְבּוֹת,
וַאֲנִי נִלְחַם עֲבוּר יִשְׂרָאֵל הַקְּטַנָּה
וַעֲבוּר בֵּית הָאֲסוּרִים, עַזָּה:
אַחִים
נִלְחָמִים בְּמִילִים
מִתְאַבְּקִים עַל הַיְּרוּשָּׁה שֶׁל אֲבוֹתֵיהֶם.

.3

סַבָּא רַבָּה שֶׁלִּי נָסַע לְפָלֶשְׂטִינָה
בְּ–1929 כְּדֵי לָמוּת,
חָזַר לְבּוֹסְטוֹן בְּ–1930.
אָמַר שֶׁיְּכוֹלִים לְהֵהָרֵג שָׁם.
נָסַעְתִּי לִמְדִינַת יִשְׂרָאֵל
כְּצָעִיר בְּ–1969
וְשָׁמַעְתִּי מִקָּרוֹב אֶחָד שֶׁעֲרָבִי טוֹב

is a dead Arab.
I fled and didn't come again
for twenty-five more years.

4.
I remember well my encounter
with Suleiman, who worked at the archaeological dig.
I arranged to meet him after work
at the site of the huge Canaanite stellae.
I asked him, "Do you have hashish?"
and he answered, "Hashish, hashish."
We met at 7 p.m. "Where's the hashish?" we both said.
There being none, he invited me to his tent
where he served me sweet grapes and bitter coffee,
as if I were a guest of King Solomon himself.

5.
There are no beggars like the beggars of the holy city, Jerusalem.
Pious old women sit on the steps across from the Western Wall,
raise their hands and without saying a word, receive.
Going further, one encounters the schnorrers
who work in pairs. "Give me twenty shekels, please,"
says the first. I answer, "I don't have any small bills."
"No problem," says the second. There's an ATM
in the supermarket just across."
The first takes me by the elbow
and leads me into the market. "Tomorrow's Shabbat.
I have a big family
and I need chicken and fish."
"Both chicken and fish?
"Praise God, we have to honor the Shabbat!""

זֶה עֲרָבִי מֵת.
בָּרַחְתִּי וְלֹא נָסַעְתִּי שׁוּב
בְּמֶשֶׁךְ עֶשְׂרִים וְחָמֵשׁ שָׁנִים.

.4
אֲנִי זוֹכֵר הֵיטֵב אֶת פְּגִישָׁתִי
עִם סוּלֵימָן שֶׁעָבַד בַּחֲפִירָה הָאַרְכֵיאוֹלוֹגִית
בְּתֵל–גֶּזֶר. תִּכְנַנְתִּי לְהִפָּגֵשׁ אִתּוֹ בְּשֶׁבַע בָּעֶרֶב
לְיַד הַמַּצֵּבוֹת הָעֲנָקִיִּים שֶׁהֵצִיבוּ הַכְּנַעֲנִים.
שָׁאַלְתִּי מִמֶּנּוּ, 'הַאִם יֵשׁ לְךָ חֲשִׁישׁ'?
וְהוּא עָנָה, 'חֲשִׁישׁ, חֲשִׁישׁ'!
נִפְגַּשְׁנוּ בְּשֶׁבַע וְשָׁאַלְנוּ אֶחָד אֶת הַשֵּׁנִי, 'אֵיפֹה הַחֲשִׁישׁ'?
בִּגְלַל שֶׁאֵין חֲשִׁישׁ, הִזְמִין אוֹתִי לְאָהֳלוֹ
וְכִבֵּד אוֹתִי בַּעֲנָבִים מְתוּקִים וְקָפֶה מַר,
כְּאִילוּ אֲנִי אוֹרֵחַ שֶׁל הַמֶּלֶךְ שְׁלֹמֹה.

.5
אֵין קַבְּצָנִים כְּקַבְּצָנֵי עִיר הַקּוֹדֶשׁ, יְרוּשָׁלַיִם.
זְקֵנוֹת צַדִּיקוֹת יוֹשְׁבוֹת מוּל הַכּוֹתֶל הַמַּעֲרָבִי בַּמַּדְרֵגוֹת,
מְרִימוֹת יָד וּבְלִי לוֹמַר מִלָּה, מְקַבְּלוֹת.
מַמְשִׁיכִים וּפוֹגְשִׁים אֶת הַשְּׁנוֹרְרִים:
'תֵּן לִי עֶשְׂרִים שֶׁקֶל, בְּבַקָּשָׁה',
אוֹמֵר הָרִאשׁוֹן. 'אֵין לִי כֶּסֶף קָטָן,' אֲנִי עוֹנֶה.
אֵין בְּעָיָה,' הַשֵּׁנִי מֵשִׁיב. 'יֵשׁ כַּסְפּוֹמַט'
בַּסּוּפֶּר מִמּוּל'. הָרִאשׁוֹן לוֹקֵחַ אוֹתִי בַּמַּרְפֵּק
וּמוֹלִיךְ אוֹתִי לַסּוּפֶּר. 'מָחָר שַׁבָּת,
מִשְׁפָּחָה גְּדוֹלָה יֵשׁ לִי
וַאֲנִי צָרִיךְ עוֹף וְדָגִים.'
'גַּם עוֹף וְגַם דָּגִים'?
'בָּרוּךְ הַשֵּׁם. מוּכְרָחִים לְכַבֵּד אֶת הַשַּׁבָּת'!

6.
I enter a cab and ask the driver, "What's new?"
He replies, "There's nothing new under the sun."
I get on a bus, sit down, then see the sign
"Rise before a hoary head"
 and start looking for someone to take my seat.

7.
Now I go to Israel for weddings of lovely relatives
and listen to the noisy Jewish conversation.
If I stay long enough, I even dream in Hebrew.

.6

אֲנִי נִכְנָס לְמוֹנִית וְשׁוֹאֵל אֶת הַנֶּהָג, ׳מַה עִנְיָנִים׳?
הוּא מֵשִׁיב, ׳אֵין חָדָשׁ תַּחַת הַשֶּׁמֶשׁ׳.
אֲנִי עוֹלֶה בְּאוֹטוֹבּוּס, יוֹשֵׁב וְרוֹאֶה אֶת הַשֶּׁלֶט,
׳לִפְנֵי שֵׂיבָה תָּקוּם׳
וּמַתְחִיל לְחַפֵּשׂ מִישֶׁהוּ שֶׁיֵּשֵׁב בְּכִסְאִי.

.7

עַכְשָׁו אֲנִי בָּא לְיִשְׂרָאֵל לַחֲתוּנּוֹת שֶׁל קְרוֹבִים נֶחְמָדִים
וּמַקְשִׁיב לַשִּׂיחָה הַיְּהוּדִית הָרַעֲשָׁנִית.
אִם אֲנִי נִשְׁאַר לִשְׁבוּעַיִים, אֲנִי גַּם חוֹלֵם בְּעִבְרִית.

Afterward: Why I Write in Hebrew

I was raised in the milieu of Boston's Hebrew Teachers' College (later changed to Hebrew College) and its Hebrew-speaking summer camp, Yavneh. HTC, as it was then known, was a beachhead of Hebraism within the broad, assimilationist stream of American Jewry, planted on American shores by expatriate Hebraists, cultural descendants of Ahad Ha-am, Bialik and Tchernikhovsky, with a few Orthodox scholars thrown in for good measure. Among the college's graduates were many who went on to earn Ph.D.'s and become the vanguard of Hebrew literary studies in America: Arnold Band, Warren Bargad, Anne Lapidus Lerner, David Jacobson. In this context, I developed a deep love for the Hebrew language and its poetry, especially that of Bialik.

During the 1980's, I fell in love with Yehuda Amichai's poetry through the bi-lingual editions that were then being published. I read him avidly, taught him, invited him to the college where I taught poetry writing and literature. In the 1990's, I spent some years at the Reconstructionist Rabbinical College and immersed myself as much as I could in the Hebrew of my youth. I wrote a research paper in Hebrew and even tried my hand at a poem or two. As my mother was nearing her end in 2014, I read to her and spoke to her in Hebrew—the language of instruction in her Tarbut elementary school in Meritsh, Lithuania, of her eight years of learning at HTC and of her courtship with my father. A modest woman, she was not given to theatricality, but before my father's open grave she called out to him in Hebrew, their shared language of love.

After her death, I began writing in Hebrew out of a deep need to remain connected to the language that has been present throughout my life as a *nishamah yiterah*, an added soul. In addition, I wanted to bring into Hebrew my peculiar sensibility, nurtured by a mix of American secularism and Jewish religious devotion. I have spent much time in the circles of the Havurah movement, the Reconstructionist movement and Jewish Renewal. Since age 17, when I first learned that a theory of multiple documents, compiled by an editor, explained the origins of the Torah, I have been secular in my outlook, yet maintained my involvement in and affinity for Jewish spiritual practice.

I believe that the expression of spirituality within a secular framework is necessary for our broader culture, beset as it is by fundamentalisms and with the crassest materialism and self-regard as the only seeming alternatives. I feel it especially necessary to affirm a more universal spirituality in Hebrew, the language that gave rise to the monotheistic fundamentalisms under whose pervasive sway our culture suffers. In order to do this, I had to first find my voice in Hebrew. Encouraged by my friend and fellow poet, Hanoch Guy, I have worked in a register of Hebrew in which I feel comfortable speaking. My colleague, Marcia Falk, has done similar work in a very different voice in her *Book of Blessings* and *The Days Between*; some of her secular prayers have been adopted by the new communities in Israel that seek to blend the secular and the traditional language of prayer. I also get reports that poems from my first bi-lingual book, *Words for Blessing the World*, have been used in a variety of prayer contexts in the United States.

But behind these biographical answers, there is a deeper truth about Hebrew that I would like to offer. I go back to Bialik for this insight. In a brief talk he delivered before the Legion for the Protection of the Language in 1927, he argues that Hebrew should never become purely secular. He urged his colleagues to honor the sacred roots of Hebrew and to aspire to preserve the dimension of the sacred within the language by not driving "out of the language all the souls that have dwelled in it for thousands of years." With respect to the vocabulary of Hebrew, he went on to point out that "we do not receive individual words, but rather all of the feelings that have accrued to them in various periods, and every word is enriched by the wealth of all the generations."[1]

I have sought to respond through my poetry to Bialik's identification of the sacredness within Hebrew. Like Amichai and many other Hebrew poets, I have found it a significant literary task to lift words from their original religious contexts and make new homes for them in vehicles that are contemporary and suffused with irony. As the disenchantment and secularizing of what was once sacred takes place in a poem, it also makes room for a concomitant movement toward the sacralizing of the secular, which has bold implications, I believe, for humanity and for our fate on this planet. Because of its long associations with the sacred, Hebrew seems a language eminently suited to this redemptive task.

---

[1] "The Sacred and the Secular in Language," trans. Jeffrey M. Green, in Haim Nahman Bialik, *Revealment and Concealment: Five Essays* (Jerusalem, 2000), pp. 92-93.

The Jewish Poetry Project

Ben Yehuda Press

From the Coffee House of Jewish Dreamers: Poems of Wonder and Wandering and the Weekly Torah Portion by Isidore Century

"Isidore Century is a wonderful poet. His poems are funny, deeply observed, without pretension." — *The Jewish Week*

The House at the Center of the World: Poetic Midrash on Sacred Space by Abe Mezrich

"Direct and accessible, Mezrich's midrashic poems often tease profound meaning out of his chosen Torah texts. These poems remind us that our Creator is forgiving, that the spiritual and physical can inform one another, and that the supernatural can be carried into the everyday."
—Yehoshua November, author of *God's Optimism*

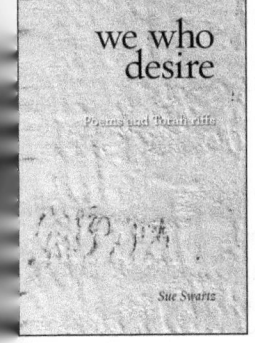

we who desire: Poems and Torah riffs by Sue Swartz

"Sue Swartz does magnificent acrobatics with the Torah. She takes the English that's become staid and boring, and adds something that's new and strange and exciting. These are poems that leave a taste in your mouth, and you walk away from them thinking, what did I just read? Oh, yeah. It's the Bible."
—Matthue Roth, author, *Yom Kippur A Go-Go*

Open My Lips: Prayers and Poems by Rachel Barenblat

"Barenblat's God is a personal God—one who lets her cry on His shoulder, and who rocks her like a colicky baby. These poems bridge the gap between the ineffable and the human. This collection will bring comfort to those with a religion of their own, as well as those seeking a relationship with some kind of higher power."
—Satya Robyn, author, *The Most Beautiful Thing*

Words for Blessing the World: Poems in Hebrew and English by Herbert J. Levine

"These writings express a profoundly earth-based theology in a language that is clear and comprehensible. These are works to study and learn from."
—Rodger Kamenetz, author, *The Jew in the Lotus*

Shiva Moon: Poems by Maxine Silverman

"The poems, deeply felt, are spare, spoken in a quiet but compelling voice, as if we were listening in to her inner life. This book is a precious record of the transformation saying Kaddish can bring. It deserves to be read. These are works to study and learn from."
—Howard Schwartz, author, *The Library of Dreams*

is: heretical Jewish blessings and poems by Yaakov Moshe (Jay Michaelson)

"Finally, Torah that speaks to and through the lives we are actually living: expanding the tent of holiness to embrace what has been cast out, elevating what has been kept down, advancing what has been held back, reveling in questions, revealing contradictions."
—Eden Pearlstein, aka eprhyme

Texts to the Holy: Poems
by Rachel Barenblat

"These poems are remarkable, radiating a love of God that is full bodied, innocent, raw, pulsating, hot, drunk. I can hardly fathom their faith but am grateful for the vistas they open. I will sit with them, and invite you to do the same."
—Merle Feld, author of A Spiritual Life.

The Sabbath Bee: Love Songs to Shabbat
by Wilhelmina Gottschalk

"Torah, say our sages, has seventy faces. As these prose poems reveal, so too does Shabbat. Here we meet Shabbat as familiar housemate, as the child whose presence transforms a family, as a spreading tree, as an annoying friend who insists on being celebrated, as a woman, as a man, as a bee, as the ocean."
—Rachel Barenblat, author, The Velveteen Rabbi's Haggadah

All the Holes Line Up: Poems and Translations
by Zackary Sholem Berger

"Spare and precise, Berger's poems gaze unflinchingly at—but also celebrate—human imperfection in its many forms. And what a delight that Berger also includes in this collection a handful of his resonant translations of some of the great Yiddish poets." —Yehoshua November, author of God's Optimism and Two World Exist

How to Bless the New Moon: The Priestess Paths Cycle and Other Poems for Queens
by Rachel Kann

"To read Rachel Kann's poems is to be confronted with the possibility that you, too, are prophet and beloved, touched by forces far beyond your mundane knowing. So, dear reader, enter into the 'perfumed forcefield' of these words—they are healing and transformative."
—Rabbi Jill Hammer, co-author of The Hebrew Priestess

Into My Garden: Prayers
by David Caplan

"The beauty of Caplan's book is that it is not polemical. It does not set out to win an argument or ask you whether you've put your tefillin on today. These gentle poems invite the reader into one person's profound, ambiguous religious experience."
—The Jewish Review of Books

Between the Mountain and the Land is the Lesson: Poetic Midrash on Sacred Community
by Abe Mezrich

"Abe Mezrich cuts straight back to the roots of the Midrashic tradition, sermonizing as a poet, rather than ideologue. Best of all, Abe knows how to ask questions and avoid the obvious answers."
—Jake Marmer, author, *Jazz Talmud*

NOKADDISH: Poems in the Void
by Hanoch Guy Kaner

"A subversive, midrashic play with meanings—specifically Jewish meanings, and then the reversal and negation of these meanings."
—Robert G. Margolis

The Jewish Poetry Project
jpoetry.us

www.ingramcontent.com/pod-product-compliance
Lightning Source LLC
LaVergne TN
LVHW041346080426
835512LV00006B/637
* 9 7 8 1 9 5 3 8 2 9 1 0 8 *